AF339658

ÉLOGE HISTORIQUE

DE

M. LE BARON DE MALARET.

NOTICE NÉCROLOGIQUE

OU

ÉLOGE HISTORIQUE

DE M. LE BARON DE MALARET,

PAIR DE FRANCE,

PRÉSIDENT DE LA SOCIÉTÉ ROYALE D'AGRICULTURE DE LA HAUTE-GARONNE
ET DE LA COMMISSION ADMINISTRATIVE DES HOSPICES,

MEMBRE DU CONSEIL GÉNÉRAL, DE L'ACADÉMIE DES JEUX FLORAUX, DE L'ACADÉMIE ROYALE
DES SCIENCES, INSCRIPTIONS ET BELLES-LETTRES DE TOULOUSE, ETC.,
ET COMMANDEUR DE LA LÉGION D'HONNEUR,

Prononcé à la séance publique de la Société d'Agriculture,

LE 28 JUIN 1846,

Par M. Flavien d'ALDÉGUIER,

Officier supérieur de Cavalerie, Officier de la Légion d'Honneur, Chevalier de Saint-Louis et de Saint-Ferdinand
d'Espagne (2.ᵉ classe), Membre de la Société d'Agriculture, Administrateur des Hospices.

TOULOUSE,

IMPRIMERIE DE JEAN-MATTHIEU DOULADOURE,
Rue Saint-Rome, 41.

—

1846.

ÉLOGE HISTORIQUE

DE

M. LE BARON DE MALARET.

Patriæ studio et caritate inclytus.

Messieurs,

A son heure dernière, celui de nos confrères que des suffrages soutenus portèrent près de trente années à la présidence de la Société d'Agriculture, M. le Baron *de Malaret*, exprimait le vœu qu'aucun discours ne fût prononcé sur sa tombe : vœu d'un sage, d'un homme essentiellement modeste, vœu d'un chrétien, qui veut éloigner toute apparence profane du moment suprême où il doit comparaître devant le souverain Juge.

Mais si des désirs si désintéressés furent respectés; si dans l'affluence qui se pressait à ses obsèques, personne n'eut la pensée d'enfreindre ses derniers vœux, les services de M. *de Malaret*, ses vertus privées et publiques se redisaient à voix basse dans tous les groupes; et aux regrets qui accompagnent un grand citoyen, à la douleur des pauvres qui perdaient leur bien-faiteur, devaient succéder les hommages de tous les organes de l'opinion publique. Son éloge aussi devait être prononcé dans les diverses sociétés dont M. *de Malaret* faisait partie, en remontant jusqu'à la Chambre des Pairs, bien moins pour se conformer à l'usage que pour honorer l'homme qui résumait en lui toutes les institutions de la cité, qui avait réuni toutes les charges électives qu'on puisse obtenir de la confiance de ses concitoyens, et que ses services, toujours gratuits, avaient enfin porté au premier corps de l'Etat.

Dans ce concours d'hommages, la Société d'Agriculture devait être devancée, non par défaut d'empressement à exprimer ses regrets et à payer un juste tribut d'hommages à la mémoire de son bien regrettable président, mais en raison de la solennité annuelle de ses concours. Toutefois elle voudra bien accorder son indulgence à celui de ses membres que d'anciennes et étroites relations ont entraîné à se charger d'un travail bien au dessus de ses forces, en lui permettant cependant de rapprocher M. *de Malaret* des temps exceptionnels au milieu desquels se développa sa jeunesse, son esprit sérieux, méditatif, observateur.

C'est à ces conditions seulement qu'il peut résulter un enseignement utile de la vie des hommes longtemps mêlés aux affaires publiques. Les isoler au contraire, les apprécier sous un point de vue exclusivement spécial ou local, c'est arriver à une sorte de non-sens; c'est s'appesantir sur des faits isolés sans remonter aux causes, c'est amoindrir un sujet quand il y a lieu de le grandir, c'est manquer souvent de mettre en relief une touchante et honorable harmonie.

Qu'elle est tardive dans tous les temps, Messieurs, la justice rendue à l'homme public; mais qu'elle est plus éloignée encore après les moments de crise où les sociétés se sont renouvelées dans leurs bases les plus profondes! Des commotions aussi générales ne sont pas de simples incidents, comme des opinions peu sérieuses tendraient à l'établir, mais des tempêtes depuis longtemps formées, qui auraient pu être conjurées souvent par de prudentes et opportunes transactions.

Cependant partout où il y a eu renversement, révolution complète, une reconstruction doit suivre. Toutefois les générations passent et se fondent avant que l'ordre nouveau s'établisse; et les efforts des citoyens honorables et courageux pour le faire triompher sont presque toujours incompris de leur vivant. Cessent-ils de vivre, le temps de la justice est arrivé; les opinions les plus opposées, les villes entières se donnent rendez-vous à leurs obsèques; et pour être longtemps at-tendue, c'est une grande et belle justice rendue que ce deuil public, que de telles funérailles.

Joseph-François-Magdeleine Baron DE MALARET, ancien Maire et Député de Toulouse, membre du Conseil général de la Haute-Garonne, Président de la Société d'Agriculture et de la Commission administrative des hospices, Commandeur de la Légion d'honneur et Pair de France, naquit à Toulouse le 8 août 1770.

La famille *de Malaret* avait compté des membres distingués au Parlement de Toulouse, dans le capitoulat, dans le clergé, aux armées. Son père, ancien major (1) dans Piémont infanterie, s'était retiré du service avec le grade de lieutenant-colonel, après avoir servi avec distinction dans les guerres de son temps. Il s'était allié à la famille de Penautier, dont le nom n'est pas étranger aux annales du Languedoc. Ce fut bientôt après la mort, sans postérité, de M. *de Fonbeauzard* son frère aîné, avocat général au Parlement de Toulouse (1762), au moment où il venait de recevoir les provisions de procureur général, pour succéder à M. *de Riquet-Bonrepos* son beau-père. Ses deux autres oncles paternels, pourvus de hautes dignités ecclésiastiques, étaient, l'un le 64.me et dernier prévôt, chef du chapitre métropolitain de cette ville (1778-1790); l'autre archidiacre de Notre-Dame de Paris dès 1761, et plus tard grand-vicaire de ce diocèse jusqu'à sa mort (1805).

Appelé par la direction de son esprit à suivre la carrière de la ma-

---

(1) Avant 1789, les majors étaient résidants à une époque où les chefs de corps l'étaient peu; ils étaient les pivots du service intérieur, de l'instruction et de l'administration.

gistrature, le jeune *Malaret* s'y était préparé par des études sérieuses et approfondies sur le droit (1); aussi ces origines, ces précédents se retrouvent-ils dans son caractère toujours soutenu; d'une part, religion austère, mais sage, tolérante, essentiellement basée sur la charité chrétienne; de l'autre, courage et convictions profondes comme on en rencontre de temps à autre dans les vieilles souches de magistrature et d'épée. Avec de telles bases, avec une grande droiture, on peut bien être en désaccord avec ses intérêts privés, avec les exigences des partis; toutefois on est consciencieusement sur le terrain national, on ne cesse pas d'être estimable, on ne cesse pas d'être estimé.

Que de physionomies diverses a présentées la société française! que de physionomies nouvelles présentera encore ce peuple si impressionnable, si distingué, toujours à l'avant-garde de la civilisation! mais combien ces différences devinrent considérables vers la fin du 18.ᵐᵉ siècle, quand la monarchie de Louis XIV, sapée dans ses fondements, s'écroula de toute part, et que de chute en chute lui succédèrent les années 1793 et 1794! M. *de Malaret* faillit lui aussi en être la victime, quoiqu'il eût cherché un asile dans les rangs de nos armées (2), à la suite d'une courte émigration.

Ce n'est point le cas, Messieurs, de remonter aux causes éloignées, ni de décrire les diverses phases de la révolution française; il suffit, pour la tâche qui m'est imposée, de constater cet état de désorganisation, de violence, ce régime de la terreur enfin qui allait arracher notre confrère du milieu des défenseurs de la patrie, pour le conduire dans les prisons du Luxembourg, comme victime dévouée à l'échafaud, mais où plus tard nous le verrons siéger à la Chambre des Pairs. Etrange effet des vicissitudes de la fortune! Toutefois il y fut bientôt remarqué d'un ecclésiastique distingué de notre ville, M. *Guyon*, ancien grand-vicaire de Sisteron, homme de savoir et de prudence, dont les sages conseils ne lui furent pas inutiles. Heureux de se rencontrer et d'échanger leurs idées, nos deux compatriotes sentaient leur captivité s'adoucir; ils passaient ensemble leurs moments sans s'exalter, sans se plaindre, cherchant à échapper aux défiances ombrageuses, aux piéges tendus autour des prisonniers, et c'est ainsi qu'ils arrivèrent au 9 thermidor, où la France fut enfin délivrée de la sanglante dictature de Robespierre.

De son côté, M. l'abbé *de Malaret* que ses liaisons intimes avec l'abbé depuis Cardinal *Maury*, et le rôle important qu'il joua plus tard dans les affaires de l'église peignent suffisamment comme un ecclésiastique du premier mérite, sortait de la prison du Temple, où n'avait pas craint de le visiter un jeune élève de l'école polytechnique, ami de son neveu et notre confrère aujourd'hui, à qui nos contrées devront un jour le bienfait de l'irrigation (1). Toutefois si l'abbé *de Malaret* n'avait pas cessé d'avoir la plus haute influence sur les affaires ecclésiastiques du dio-

---

(1) Il fut reçu avocat en 1790, peu de jours avant la suppression des Parlements par l'Assemblée constituante.

(2) Il partit à l'époque de la levée en masse (1793), avec le contingent de la ville de Paris, et fut incorporé dans le 5.ᵉ bataillon des Vosges, armée du Nord.

---

(1) M. *Mescur de Lasplanes*, ancien officier supérieur du génie.

cèse de Paris, il put s'en occuper bien mieux encore quand il eut été rendu à la liberté, et que Monseigneur de *Juigné*, archevêque de Paris, dont il était grand-vicaire au moment de la révolution, ainsi que M. *de Dampierre*, leur eut adjoint le fameux abbé *Emery*, supérieur général des Sulpiciens, pour administrer le diocèse de Paris durant son exil de France.

C'est auprès de ces hommes distingués que M. *de Malaret* trouva un libre accès durant son séjour à Paris jusqu'à l'époque de son mariage avec mademoiselle *d'Esparbès de Lussan* (1796), d'une des plus anciennes familles de la Guienne; mais si personne, si peu versé qu'il soit dans les souvenirs de cette époque, n'ignore la haute considération dont jouit toujours l'abbé *Emery* près de Napoléon, même quand il eut plus tard l'occasion de combattre ses idées, on ne sait peut-être pas assez que l'abbé *de Malaret*, notre compatriote, eut une part fort active dans ces grands événements; qu'il fut admis aussi aux confidences du premier Consul qui méditait le rétablissement de la religion en France; et que si Bonaparte estimait assez le caractère et l'esprit élevé de l'abbé *de Malaret*, pour l'appeler par une abréviation familière le *général Malaret*, celui-ci travaillait autant qu'il était en lui à l'entretenir dans ces heureuses dispositions, et ne pouvait s'étonner assez de voir un général de trente ans à peine, aussi bien fixé sur les matières religieuses, et même sur les intérêts de l'église débattus dans les divers conciles.

M. *de Malaret* vit de la sorte se réaliser par le concordat les plans, les projets dont il avait eu connaissance par ses relations intimes avec son oncle, chez lequel il demeura toujours du-

rant ses séjours à Paris; et l'abbé *de Malaret* recevait la juste récompense de ses services, dans les affaires les plus délicates que l'église ait jamais eu à traiter, par la nomination de premier grand-vicaire du diocèse de Paris, de ce vénérable *cardinal de Belloy*, que ses vertus chrétiennes et l'opinion publique portèrent au premier siége de France, autant que le choix bien prononcé du chef de l'Etat.

Certes, Messieurs, ce fut un grand événement que cette réconciliation du gouvernement et de l'église de France par le concordat; et les esprits sérieux durent être plus impressionnés encore quand le vénérable souverain Pontife, quand le chef de l'Eglise catholique ne craignit pas de traverser la France si bouleversée naguère, et d'arriver à Paris pour sacrer le nouveau Charlemagne.

Aussi voyons-nous nombre de nos concitoyens les plus honorables, et M. *de Malaret* notamment, prendre rang dans le Conseil municipal de la cité, et donner le concours le plus franc à ce gouvernement réparateur. Personne n'aime plus sa ville que M. *de Malaret*, personne n'est plus attaché à sa province, personne n'est plus fier de son beau passé, de ses belles annales, de sa civilisation antique, de cette royauté méridionale que Toulouse dut à une situation géographique des plus heureuses et qu'elle sut conserver encore par ses institutions; mais M. *de Malaret* a vu l'ancien édifice monarchique renversé et le naufrage social imminent; il a vu le pilote providentiel qui seul a pu prendre le gouvernail au sein de la tempête, qui seul peut le tenir encore; des triomphes prodigieux ont relevé soudain la France de sa ruine à l'apogée : dès lors il suit le mouvement et le seconde autant que sa position circonscrite encore le lui permet. Du reste, avec ses connaissances historiques profondes, il ne lui en coûte pas d'adopter l'unité nationale, base de la politique capétienne en lutte avec la féodalité, but constant de Richelieu, résultat naturel sous Louis XIV, poussée dans ses dernières conséquences par le premier Consul dans la reconstitution de la société française.

Faut-il s'étonner après cela si M. *de Malaret* fut un des membres les plus actifs du Conseil municipal, et s'il fut choisi pour être de la députation envoyée par lui auprès de l'Empereur des Français, pour le féliciter sur ses victoires, sur la paix mémorable de Tilsitt, et pour lui exprimer combien la ville de Toulouse désirait le posséder dans ses murs (21 novembre 1807)?

Faut-il s'étonner encore si les services de l'abbé *de Malaret*, tout présents au souvenir de l'Empereur, valurent à son digne neveu l'accueil le plus distingué (17 janvier 1808)?

Toulouse dut à cette députation, qui avait pour chef M. *de Bellegarde*, Maire de la ville, et dont M. *Demouis*, Adjoint, faisait aussi partie, la présence de Napoléon dans ses murs (1), durant quatre jours, avec tous les avantages qui en résultèrent pour la cité.

La munificence de l'Empereur fut aussi grande que l'enthousiasme qui l'avait accueilli fut soutenu. On en trouve la preuve dans le décret impérial rendu, à Toulouse même, le 27 juillet 1808, témoignage authentique de sa satisfaction et de sa reconnaissance.

Par l'effet de ces dispositions curieuses à consulter aujourd'hui, tout le bien d'une exécution possible fut réalisé sans perdre de temps. C'est ainsi que notre antique métropole reçut des allocations considérables pour la réparer; que l'église de la Dalbade vit relever ses colonnes et son baldaquin; que le collége de l'Esquille fut affecté à l'établissement du Séminaire métropolitain, et que les Frères des écoles chrétiennes figurèrent définitivement dans les budgets de la ville.

Notre beau pont fut également restauré; une portion du quai de la Daurade, fort endommagée, fut reconstruite (1), et nos établissements publics furent mis sur un bon pied, tant à Toulouse que dans les divers chefs-lieux d'arrondissement.

D'autres dispositions ne pouvaient recevoir une exécution complète, immédiate; mais c'était beaucoup qu'une

---

(1) L'impératrice Joséphine était du voyage. LL. MM. arrivèrent le 25 juillet 1808 au matin, vers dix heures, et partirent pour Montauban le 28 suivant, à huit heures du soir.

(1) *La risberme du quai.* Cette dépense, toujours rejetée jusqu'alors par le Gouvernement, s'élevait, suivant le devis, à 150,000^f. Il est curieux de voir dans les délibérations municipales les cris de détresse pour le quai de la Daurade (1807, 57.e feuillet du registre). « Ce quai, monument magnifique, élevé » par les états du Languedoc, dont la cons- » truction coûterait aujourd'hui plusieurs mil- » lions, et qui devait préserver pour toujours » des inondations ce quartier de la ville qui » l'avoisine; ce quai, un des plus beaux qui » aient été construits en France, n'offrira bien- » tôt plus que l'image de la destruction, si » on ne s'empresse de le réparer. Déjà l'eau » passe sous ses fondements et remplit les » caves des maisons voisines. La brèche, qui » a plus de 50 mètres de largeur sur 8 de » profondeur doit être réparée sans délai, » etc., etc. »

si haute intelligence, interrogeant nos citoyens municipaux les plus zélés, se constituât l'organe de nos améliorations locales, qu'elle les prescrivît pour le présent, avec toute l'autorité qui lui était propre, et qu'elle les désignât à l'avenir.

C'est ainsi que le théâtre de Toulouse dut être transféré dans l'ancienne salle du Capitole; que le vœu de la Société d'Agriculture pour l'établissement à Toulouse d'une école spéciale vétérinaire fut pris en considération, et l'école décrétée; que la navigation de la Garonne dans l'intérieur de la ville, entre les moulins du Château Narbonnais et du Bazacle, devait être rétablie; et que Toulouse dut avoir un nombre suffisant de fontaines publiques, dont les frais, évalués à un million, seraient supportés moitié par l'Etat et moitié par la ville. On remarquera que c'était onze ans avant que fût recueilli le legs du capitoul *Charles Lagane* (1) : tous ces projets ont reçu successivement leur exécution.

C'est encore à cette époque qu'il fut fait donation à la ville, pour en jouir en toute propriété, des terrains et matériaux des remparts et des fossés de la ville, y compris les terrains de la porte et place Villeneuve, *à la charge par elle d'établir une promenade publique sur l'emplacement desdits fossés et remparts, et de supprimer*

dans le plus bref délai les cloaques existants.

C'est sur ces terrains, sur ces fossés pestilentiels (1), que s'élève aujourd'hui le beau quartier Lafayette, et que se déploient ces larges boulevards qui forment, en l'assainissant, l'enceinte de toute cette portion de la ville.

Telles furent les principales faveurs qui signalèrent le passage de Napoléon dans nos murs, et l'édilité de M. le Baron *de Bellegarde*, au succès de laquelle M. *de Malaret* avait puissamment contribué pendant sa récente députation et au retour. Il suffit, pour s'en convaincre, d'ouvrir nos registres municipaux, où l'on trouve, en date du 18 mai 1808, un rapport de M. *de Malaret*, dont il fut chargé par le Conseil municipal, encouragé à demander de grandes améliorations pour la ville à l'Empereur, qui avait si bien

---

(1) Les 50,000 fr. légués par cet excellent citoyen ne devaient être acquis à la ville qu'après la mort de sa femme qui eut lieu en 1817; ce fut seulement alors qu'on put s'en occuper administrativement, qu'on discuta les divers projets, et que celui de feu M. *Abadie* passa, en 1820, à la seule prépondérance de la voix du Maire, M. le Baron *de Bellegarde*, qui triompha encore à Paris de nouvelles oppositions, ainsi que des difficultés et des lenteurs administratives.

(1) En joignant à ces causes premières d'insalubrité, celles résultant d'une hygiène publique fort retardée, des rues étroites et tortueuses, des ordures amoncelées dans les impasses et contre les vieux remparts, avec des eaux croupies, des chaleurs accablantes et le manque de ventilation nécessaire pour chasser toutes ces exhalaisons malfaisantes, on retrouvera les causes premières des épidémies si fréquentes dans nos annales, qui occasionnaient de grandes émigrations dans la population, ainsi que la translation du Parlement dans les villes voisines. Celle de 1495 notamment y fit de tels ravages, que la ville était devenue presque déserte, et que de tous les magistrats il n'y était resté que *Jacques Lebrun*, juge-mage, avec quelques officiers de la sénéchaussée, qui la protégèrent contre les malfaiteurs fort empressés à la piller. C'était le descendant de *Guillaume Lebrun*, juge mage, médecin et conseiller de Louis XI, qui obtint de ce prince que le Parlement, transféré à Montpellier à la suite d'un conflit, serait définitivement rendu à notre ville (1469). *Histoire de Languedoc*, 5.ᵉ vol. in-fol. pag. 39 et 87.

accueilli les premières demandes de ses députés.

Ce rapport, Messieurs, où abondent les aperçus ingénieux de l'administrateur éclairé et de l'homme profondément attaché à sa ville, fut accueilli à l'unanimité par les plus vifs témoignages de satisfaction ; et nul doute que Napoléon n'y fît une attention toute particulière, car il suffit de le suivre pour se convaincre qu'à quelques largesses près pour nos édifices religieux, toutes spéciales à l'Empereur, et à part quelques autres bienfaits, le décret du 27 juillet 1808, rendu à Toulouse même, n'est en majeure partie que le travail de M. *de Malaret* converti en loi de l'Etat (1).

C'est ainsi, Messieurs, que s'explique l'arrivée toute naturelle de M. *de Malaret* à l'administration municipale (2), et deux mois plus tard à la mairie de Toulouse (11 juillet 1811), quand M. *de Bellegarde* fut nommé membre du corps législatif, et que s'explique encore le zèle avec lequel M. *de Malaret* servit le grand homme qui l'avait distingué, à qui il devait son élection, chez lequel il retrouvait le bienfaiteur de Toulouse.

Si M. *de Malaret* ne devait rencontrer aucun obstacle sérieux dans son administration municipale à l'époque des beaux jours de l'empire, qui couvrait ses soutiens de sa puissante égide, il devait également suffire au temps de ses revers. Je n'ai point ici

à en discuter les causes. Il me suffira de dire qu'un vaste champ fut ouvert aux méditations sur les fragilités humaines, quand on vit le double génie de l'organisation et de la grande guerre, se laisser entraîner hors des principes qui avaient fait sa force, pour ne plus connaître de limite, et se jeter dans des expéditions gigantesques aux deux extrémités de l'Europe, lui surtout qui avait dû ses succès constants au système de concentrer ses masses, et de régler lui-même leurs mouvements. Toutefois, telle était sa puissance personnelle et sur l'opinion, que sur cette immense ligne dont les extrémités touchaient d'un côté aux colonnes d'Hercule, et de l'autre au Kremlin, cet homme prodigieux suffisait tellement à ce vaste ensemble, qu'il fallut toutes les rigueurs d'une saison prématurée pour anéantir la plus brillante armée qui fut jamais.

Mais respectons les desseins de la Providence, non sans rendre un dernier hommage à ces braves guerriers dont la vie s'éteignait au milieu des glaces de la Russie, sans que l'héroïsme les abandonnât (1). Peut-être le temps

---

(1) On ne comprend pas pourquoi ledit décret n'adopta point la continuation des quais du côté de Tounis, appuyée de considérations si pressantes dans le rapport de M. *de Malaret.*

(2) M. *de Malaret* n'avait pas dédaigné les fonctions d'adjoint, auxquelles il fut appelé le 19 avril 1811, en remplacement de M. *Dispan*, démissionnaire.

---

(1) En effet, si nos vieux soldats attendaient la mort d'un œil sec, ils se préoccupaient beaucoup, dans cette désastreuse retraite, de ne pas laisser tomber dans les mains de l'ennemi leurs armes et les marques d'honneur qu'ils avaient gagnées au prix de leur sang. « Tes soins sont inutiles, mon ami, » dit un grenadier de la vieille garde à un » de ses camarades empressé à le secourir ; » la seule grâce que je te demande, c'est » d'empêcher les ennemis de profaner les marques honorables que j'ai acquises en com- » battant contre eux. Porte à mon capitaine » cette décoration qui me fut donnée sur le » champ de bataille d'Austerlitz ; donne-lui » également mon sabre, dont je me servais le » jour de Friedland, etc., etc. » (*Campagne de Russie de Labaume.*)

de la mission du plus grand homme des temps modernes était-il passé ; peut-être aussi la Providence, dans ses immuables décrets, avait-elle arrêté que l'ère nouvelle des libertés publiques devait être inaugurée par un descendant des mêmes Capétiens qui avaient fondé les communes, les bourgeoisies, qui avaient reconquis les provinces éparses du royaume sur les Anglais, sur la féodalité; par un prince éclairé, ami des lettres, qui n'arrivait pas, il est vrai, avec le prestige de l'éclat des armes, mais avec une dignité noblement soutenue dans l'adversité, et qui n'aspirait, à l'exemple de son aïeul Henri IV de glorieuse et bien chère mémoire, qu'à renouer par de sages institutions la chaîne interrompue des temps anciens et des temps modernes.

Avec des vues aussi véritablement libérales que celles de Louis XVIII, M. *de Malaret*, qui, dans la disette de l'hiver de 1811 à 1812, avait trouvé dans les sympathies de ses concitoyens, les ressources nécessaires pour fournir à une distribution gratuite de 15,000 livres de pain par semaine ; M. *de Malaret* qui n'avait pas craint à la même époque d'engager sa responsabilité personnelle pour faire un approvisionnement de 4,000 hectolitres de blé, qui furent revendus dans les marchés de la ville aux plus nécessiteux, bien au-dessous du cours (1) ; M. *de Malaret* qui avait secondé toutes les mesures de défense de la cité contre les Anglais (1814) ; M. *de Malaret* qui avait concouru à l'entretien de l'armée qui défendit ce dernier point du territoire; M. *de*

Malaret qui avait pris les mesures nécessaires pour la sûreté de la ville, en réorganisant la garde urbaine, dont le dévouement à soulager les infortunes de la guerre ne doit pas être oublié ; M. *de Malaret* ne pouvait être qu'un excellent citoyen. Aussi le Roi s'empressa-t-il de le réintégrer dans ses fonctions de Maire, de le nommer bientôt après Chevalier de la Légion d'honneur, et lui donna-t-il de nouvelles marques de sa confiance, même après les cent jours, bien convaincu qu'en conservant ses fonctions durant cette époque difficile, et qu'en acceptant le mandat de ses concitoyens à la Chambre des représentants, M. *de Malaret* avait moins cédé à des vues personnelles qu'à des considérations d'intérêt public. Toutefois M. *de Malaret*, après avoir témoigné de son obéissance aux ordres du Roi, après s'être rendu à Toulouse pour présider le collége électoral qui lui avait été désigné, put, sans déroger à la fermeté de son caractère, céder aux pressantes prières de ses amis, devant des démonstrations inquiétantes pour la tranquillité publique, pour sa sûreté personnelle, et prendre le parti de la retraite.

Elle fut bien douce pour lui auprès d'une fille unique pourvue de tous les charmes extérieurs et de l'esprit, sachant apprécier tout le mérite de son père, et lui portant la tendresse la plus vive. Elle le devint plus encore par son gendre, M. *Alphonse d'Ayguesvives*, qui marchait à la tête des jeunes hommes de notre cité, moins encore par tous les avantages de sa personne et de la fortune, que par l'agrément de son caractère, par l'esprit le plus distingué et le plus varié. Certes il n'était pas besoin de la catas-

---

(1) M. *de Malaret* reçut à cette occasion les félicitations de l'Empereur, la croix de la Réunion, et bientôt après le titre de Baron.

trophe inattendue qui enleva ce jeune magistrat à la fleur de l'âge, pour qu'il inspirât plus d'intérêt ; toutefois son souvenir n'est point effacé, et la Société d'Agriculture (1) et l'Académie des Jeux Floraux, dont il faisait partie, répandirent à l'envi des regrets et des fleurs sur cette tombe si prématurément ouverte, et arrosée de tant de larmes.

Tel a été, Messieurs, l'enchaînement des faits, que j'ai dépassé de beaucoup l'origine de votre Société, à laquelle appartint, très-peu de temps après sa fondation, M. *de Malaret.* Ainsi, m'occuper de votre ancien président sous ce point de vue, c'est faire l'historique de la Société d'Agriculture.

Fondée en 1798, M. *de Malaret* y fut admis le 15 avril 1801, et son entrée au Conseil municipal de la cité étant postérieure, ce fut son premier pas en dehors de ses habitudes privées : je me réservais de le signaler ici.

Formée de propriétaires agriculteurs et d'hommes distingués dans des sciences et dans des professions diverses, les membres de la Société se complétèrent les uns par les autres. Ils se groupèrent autour d'un même centre, et par les membres non résidants, ils pénétraient dans le cœur des plus petites localités. Grâces à l'émulation qui s'établit, dans celle de la Haute-Garonne en particulier, la nature des terres fut bientôt déterminée par l'analyse rigoureuse et chimique des divers sols, les bons effets des marnages furent constatés, les bonnes pratiques

mises en lumière, les instruments agricoles étudiés et perfectionnés. La Société sentit bientôt le besoin de se mettre en rapport plus direct avec les agriculteurs ; aussi s'occupa-t-elle de fonder le journal qui paraît aujourd'hui avec succès pour les propriétaires ruraux. Une commission fut nommée à cet effet, le 3 floréal an XIII, dont faisait partie M. *de Malaret ;* ainsi notre compagnie acheva de se constituer, ses travaux purent profiter au loin, elle put échanger son journal contre ceux des autres départements.

Nous ne voudrions pas faire la part des Sociétés d'Agriculture meilleure qu'elle ne doit l'être, car nous sommes des premiers à reconnaître qu'elles ont été secondées par des causes générales favorables ; mais nous regretterions de ne pas leur rendre la justice qui leur est due. En appelant l'attention sur nos campagnes, on y rappelait les propriétaires, on les excitait à y résider, on les stimulait par des produits plus avantageux, on mettait les lumières de l'homme civilisé à côté de la routine trop justement reprochée à l'homme des champs, on augmentait l'influence de l'un sur l'autre. Des essais malheureux furent faits sans doute ; des fortunes privées purent y perdre, mais l'agriculture, dans l'ensemble, y gagna, de telle sorte que quoiqu'il y ait toujours à faire, la prospérité a été croissante à ce point, qu'il est bien rare de trouver aujourd'hui un terrain, jadis inculte, si petit qu'il soit, qui ne rende un produit quelconque.

M. *de Malaret* s'était mis également à l'œuvre et avait élevé successivement son joli domaine de Fonbeauzard au point de rapport où il est maintenant. Nous l'avons visité, Messieurs, depuis que vous nous avez

---

(3) Voir sa Notice nécrologique par M. *A. Vaïsse*, séance du 22 juillet 1832, et son éloge à l'Académie des Jeux Floraux par M. *Léonce de Lavergne,* aujourd'hui Maître des requêtes et Sous-directeur aux affaires étrangères. Recueil de 1832.

confié la mission que nous remplissons aujourd'hui, et tout y respire M. *de Malaret*, ses lumières, sa simplicité, ses vertus.

M. *de Malaret* avait fait des essais; il avait employé les instruments d'agriculture perfectionnés, et il s'était arrêté à la charrue de fer, à l'assolement quinquennal pour ses terres labourables, en soignant ses prairies d'un excellent rapport, réglant bien la coupe de ses bois, et donnant une grande attention à la vigne et à la fabrication du vin, qu'il a amélioré beaucoup par des soins multipliés; la vaisselle vinaire, renouvelée par lui en entier, se compose de foudres d'une beauté remarquable.

Les étables, les écuries sont grandes, spacieuses. On n'y trouve pas seulement les bœufs de travail, mais de belles vaches pour la production, de superbes génisses dont deux ont été primées aux derniers concours, des mules de travail et des poulinières avec leurs produits.

Les logements des colons sont étendus, sains. Là ne s'entendent pas des plaintes, des récriminations, mais de vifs regrets, en souvenir de cet excellent maître qui poussait le cultivateur au travail, sans doute, mais sans abuser jamais de ses forces, et s'occupant toujours de son bien-être en grandissant sa profession.

Comme le grand bâtiment d'exploitation se réunit au château, M. *de Malaret* n'avait qu'à descendre un petit escalier pour se trouver à son centre d'opérations agricoles; mais c'est vainement qu'on chercherait dans les bâtiments qu'il éleva les apparences d'un luxe qu'il n'aima jamais. Il se bornait à ce que chacun d'eux présentât toutes les convenances désirables.

Tel a été M. *de Malaret* comme agriculteur pratique; il serait trop long de le suivre comme collaborateur de notre Journal. Nous rappellerons sommairement à la suite de cet écrit les excellents articles dont il l'enrichit, sans nous prononcer cependant pour la comptabilité en parties doubles appliquée à l'agriculture, malgré les imposants suffrages dont elle a été l'objet.

Nous adoptons sans doute la pensée de M. *de Malaret*, c'est-à-dire d'arriver à la vérité la plus complète des résultats, et de rendre la moindre illusion impossible par la balance inexorable des pertes et des gains; mais nous ne saurions accepter les formes ordinaires du commerce, ni les écritures qui en sont la conséquence, avec des régisseurs souvent peu lettrés; le fussent-ils davantage, nous répugnerions encore à les enlever à la surveillance et à la direction des travaux agricoles, à l'activité incessante de l'homme des champs, pour leur inoculer les habitudes sédentaires de l'homme de bureau. Reconnaissons cependant que M. *de Malaret* a signalé un besoin; M. *de Pous*, notre collègue, nous a déjà fait connaître certaines simplifications (1); quelques efforts encore, et le problème des comptabilités agricoles pourra être complétement résolu.

Mais c'est dans cette enceinte, dans nos solennités annuelles où M. *de Malaret* fit entendre sa voix tous les ans depuis 1819, excepté quand il se trouva éloigné par ses travaux législatifs, qu'il nous sera permis de rappeler ses allocu-

---

(1) *De la Comptabilité agricole*, par M. *de Pous*, novembre 1845, Journal d'Agriculture.

tions vraiment patriarcales. Il est bien délicat de parler tous les ans sur un sujet, même sur l'agriculture ; il est à craindre que la matière ne soit bientôt épuisée, ou bien que les mêmes idées ne se reproduisent sous des formes différentes ; mais à la manière dont M. *de Malaret* entend sa mission, à l'habileté qu'il met à la remplir sous les rapports du goût, du style et des besoins du moment, de tels écueils ne sont pas à redouter pour lui. Les discours de M. *de Malaret* sont courts, mais ils sont nourris, ils sont empreints d'une grande moralité, ils ont le mérite d'une grande opportunité.

Pour obtenir des résultats en agriculture, quelque parfaites que soient les méthodes, il faut y faire concourir deux éléments divers ; ainsi M. *de Malaret* fera entendre aux propriétaires ruraux et aux cultivateurs de leurs domaines d'utiles conseils ; il ne tiendra pas à lui que les liens qui doivent exister entre de bons maîtres d'une part, et de bons serviteurs de l'autre, ne se resserrent ; il parlera devoirs aux uns, travail aux autres ; il préparera les voies à l'harmonie la plus parfaite. Il montrera l'agriculture comme menant à la santé, à la moralité, à la vie la plus heureuse pour ceux qui savent l'apprécier. Ainsi les propriétaires résideraient davantage, leurs terres s'amélioreraient, leurs bienfaits s'étendraient autour d'eux, ils se feraient aimer, et la position du cultivateur étant meilleure, il ne lui prendrait pas si souvent fantaisie de quitter les champs, et de venir demander aux villes une amélioration de position, que l'encombrement actuel change pour la plupart en misère complète, avec toutes les conséquences qui en dérivent.

M. *de Malaret* est progressif, et cependant il est juste, il est philanthrope avant tout. Que dans les pays qui manquent de bras, les machines qui les suppléent soient adoptées, rien de mieux ; que dans les pays où ils abondent, au contraire, le propriétaire n'oublie jamais que la loi de l'humanité, que celle de son propre intérêt, lui imposent l'obligation de faire travailler les gens de la contrée, ce qui établit un lien naturel entre le pauvre et le riche, en assurant l'ordre public (1).

Les sociétés marchent, elles ne furent et ne seront jamais stationnaires ; M. *de Malaret* ne l'entend pas autrement ; et cependant il saura se défendre du double inconvénient de marcher trop vite et de trop ralentir le mouvement. Il ne craindra pas de lutter contre des entraînements propres à des époques difficiles, contre des théories subversives, et nous l'estimons d'autant plus. Si Dieu a départi à quelques privilégiés des connaissances plus étendues, c'est à la charge de les employer pour éclairer l'opinion dans les moments difficiles où elle tend à s'égarer (2).

Après des années calamiteuses, M. *de Malaret* saura intéresser ; il saura fixer l'attention, il saura prévenir le découragement en rappelant aux agriculteurs les fréquentes déceptions de l'industrie et du commerce, la progression toujours ascendante des fonds de terre, qui demeurent, quelle que soit l'étendue des sinistres, et montrant la divine Providence prête à faire oublier la gêne des mauvaises années par d'abondantes moissons (3).

---

(1) Discours du 24 juin 1822.
(2) Discours du 22 juillet 1832.
(3) Discours du 24 juin 1835.

Tels sont les sentiments exprimés dans les discours de M. *de Malaret ;* nous n'hésitons pas à affirmer que la collection de ces derniers fait le plus grand honneur à notre ancien Président, à notre Société ; et nous doutons que depuis que les Sociétés d'Agriculture sont organisées, il y en ait une seule qui puisse offrir dans ses Recueils un aussi bel ensemble.

Membre de l'Académie des Sciences de notre ville, dès le 13 août 1812, cette Compagnie savante adopta également M. *de Malaret* pour son Président, et le continua dans ces fonctions, autant que ses règlements particuliers le lui permirent, jusqu'en 1837, époque à laquelle il crut devoir donner, à cause de ses longues absences, une démission qui ne fut pas acceptée. Cette présidence ne fut pas oisive. M. *de Malaret* prononce tous les ans un discours en séance publique, quelquefois deux ; les sujets qu'il aborde sont toujours de l'ordre le plus élevé, avec le but de résoudre des questions utiles et morales.

L'Académie des Jeux Floraux, dont M. *de Malaret* fit partie, dès sa restauration en 1806, voulut aussi utiliser ses loisirs et ses connaissances littéraires. Ici encore il laissa trace profonde de son passage. C'est ainsi qu'ayant été nommé Secrétaire des assemblées, en 1823, il fut le premier à présenter un compte rendu du concours annuel. Avant lui cette tâche était remplie d'abondance avec plus ou moins de bonheur ; mais quelqu'heureuse que soit la parole d'un Secrétaire perpétuel, on conçoit qu'un travail aussi sérieux, qui doit pondérer avec la même justice et le même discernement l'éloge et le blâme, l'encouragement et les avis salutaires,

soit fait avec réflexion et maturité. Aussi pendant les dix années que M. *de Malaret* fut Secrétaire perpétuel (1825-1834), ne manqua-t-il jamais de le prononcer, rendant hommage au vrai talent, encourageant les succès des jeunes hommes, faisant valoir les saines doctrines, s'identifiant, enfin, tellement avec le triple caractère poétique, moral et religieux de l'institution d'Isaure, que ses confrères se plaisaient à le considérer comme son expression la plus complète, et à l'appeler *la conscience* de l'Académie.

Toutefois ces travaux scientifiques et littéraires, ces délassements de l'esprit ne suffisaient pas à notre collègue. Sous un extérieur grave, son âme ardente de l'esprit de charité commençait aussi à prendre part à l'administration des hospices (22 janvier 1828) qu'il devait poursuivre avec un zèle juvénile jusqu'à ses derniers moments, durant une période de dix-huit années, dont les quinze dernières furent honorées par une présidence toujours renouvelée de six en six mois, hormis le temps qu'il passait à nos Chambres législatives.

Du reste, il s'en fallait que M. *de Malaret* fût inconnu des hospices quand il fut nommé administrateur. Bien au contraire, il avait entrepris, comme Maire et Président-né de la Commission administrative, en 1814, une réforme qui devait produire les meilleurs résultats. On se rappelle à peine aujourd'hui que des deux établissements de Saint-Jacques et de Saint-Joseph de la Grave, le premier seul avait eu l'heureux privilége de posséder dès leur fondation les filles de saint Vincent de Paul. Peut-être le quartier de force pour les femmes, annexé à la Grave, peut-être aussi celui des aliénés considérés alors comme des fous furieux, donnèrent-ils lieu à cette anomalie. Toujours est-il que les soins de l'hospice étaient confiés à des Dames Noires dites Sœurs de la Grave et à une supérieure choisie parmi elles, qui, pour si respectables qu'elles fussent, ne pouvaient leur être comparées. Ainsi ce vaste hospice dont on admire aujourd'hui l'ordre, la bonne tenue et la propreté, où une direction supérieure se fait partout sentir, était dans des conditions d'infériorité, que l'organisation de Saint-Jacques faisait encore plus ressortir.

Vers la fin de 1814, le régime intérieur de l'hospice militaire de Toulouse avait été changé, et aux Sœurs de la charité qui le desservaient, devait être substitué un autre mode. En homme de coup d'œil, M. *de Malaret* voulut conserver ce précieux noyau et le faire servir à réorganiser de fond en comble l'hospice de la Grave. Toutefois il est délicat de faire des réformes, même pour avoir mieux; mais de tels obstacles n'étaient pas de nature à arrêter M. *de Malaret*. Ne consultant que son amour du bien, d'une part il demande des pensions pour les dames réformées, de l'autre ses instances sont plus pressantes auprès de la communauté de Saint-Vincent pour obtenir les autorisations nécessaires; et c'est ainsi qu'eut lieu à la Grave, le 10 mars 1815, la prise de possession de ces mêmes Sœurs de la charité qui, quatorze ans plus tard, devaient l'accueillir en quelque sorte comme leur fondateur.

Aidé de leurs pieux efforts, du concours de respectables Administrateurs, du zèle des employés des divers services, c'est en marchant à leur tête

que M. *de Malaret* devait obtenir de si excellents résultats.

Quant au régime intérieur, diverses améliorations notables signalèrent son avénement par la surveillance des approvisionnements dont il fut chargé, et par la sévérité qu'il mit à n'admettre que des objets de consommation de bonne qualité.

Pour le régime économique, il ne s'y attache pas moins afin de faire fructifier ces épargnes intelligentes pour de nouvelles charités. C'est ainsi qu'il profite d'un séjour à Paris (1836) où l'appellent ses travaux législatifs, pour étudier tous les systèmes de fourneaux économiques, afin de les appliquer aux hospices de Toulouse. En effet, le mode du Val-de-Grâce qui fut préféré et établi à l'hôtel-Dieu Saint-Jacques, donna pour le chauffage une diminution de près des deux tiers.

L'arrivée de M. *de Malaret* coïncide aussi avec une série de bienfaits assez considérables pour entreprendre deux vastes corps de bâtiments à l'hospice de la Grave (1); toutefois il est regrettable que les bâtisses nouvelles n'aient pas été mieux coordonnées avec les anciennes, que dans les mêmes cours le même ordre ne règne pas, et que le despotisme de l'art mal compris l'ait emporté à cette époque sur les sages conseils de l'Administration.

Que n'avons-nous aujourd'hui d'aussi

---

(8) Celui des orphelins, où l'on remarque à la porte d'entrée, du côté de la cour, cette inscription simple et touchante de M. *de Malaret* : *Orphanis monumentum tacita pietas obtulit*, 1833. Le bâtiment qui est à coté, provenant de même source, reçut de lui également cette inscription : *Abditæ pietatis monumentum*, 1829. M. *Baric* était alors achitecte des Hospices.

généreux bienfaiteurs ! car il y a des pierres d'attente pour de nouveaux bâtiments à l'hospice de la Grave, où l'on ne peut admettre, faute de place, des malheureux qui se présentent journellement, et qui périssent quelquefois avant d'être reçus.

Les travaux de l'église de la Grave devaient également être repris et menés à leur terme sous M. *de Malaret,* quatre-vingt-dix ans après avoir été commencés (1755-1845). Toulouse avait de beaux édifices religieux, de belles basiliques; mais ces monuments antiques comme la cité, ces clochers qui planent sur notre ville, appelaient le contraste d'une architecture rivale. Aussi, dès 1750, un concours fut-il ouvert; plusieurs architectes y prirent part, et leurs plans furent envoyés à Rome pour être jugés par les sommités artistiques de ce centre des beaux-arts. Ce fut M. *Nelle* de notre ville qui obtint avec le prix la direction des travaux.

Toutefois cette grande construction, parvenue à peine, en 1789, au tiers de sa hauteur totale, fut suspendue, et les fondations du dôme de la Grave, cette imitation de la coupole de Saint-Pierre de Rome, se perdaient dans la masse des bâtisses environnantes, quand M. *de Malaret* fut nommé Administrateur. Il est vrai de dire qu'un nouvel appel avait été fait aux artistes de Toulouse, en 1827, par le Conseil municipal, le plan primitif n'ayant pu être retrouvé. Ce fut le travail de M. *Delor,* aujourd'hui architecte des hospices civils de Toulouse, qui eut les honneurs de ce dernier concours; mais les dépenses étaient énormes et dépassaient de beaucoup quelques rentrées de capitaux et d'intérêts affectés à cette des-

tination. A l'œuvre donc les âmes charitables ! M. *de Malaret* ne s'y épargne pas; l'émulation des bonnes œuvres est déjà créée, les deux grands bâtiments récemment élevés l'attestent; il n'y a donc qu'à la stimuler encore. Jugeant que le moment favorable est arrivé, il obtient, en 1835, l'autorisation de reprendre les travaux. Bientôt le dôme s'élève comme par enchantement, et au bout de quelques mois la maçonnerie est terminée. La charpente de la coupole se commence en 1839, elle se poursuit avec rapidité ainsi que le lanternon; on doit les couvrir en zinc, mais un don spécial le convertit en cuivre. De nouvelles générosités pourvoient aux fenêtres du dôme, aux portes de l'église, aux boiseries, à l'attique du bâtiment; toutefois l'intérieur de l'édifice reste à faire, il s'élève à un chiffre considérable; mais de nouveaux bienfaits se produisent par le zèle et l'intermédiaire de Monseigneur *d'Arbou,* et bientôt l'Administration des hospices et le Conseil municipal aident à terminer ce beau monument de la générosité toulousaine. Ces derniers travaux avaient duré dix années.

Ce fut un beau jour, il faut le reconnaître, pour ces âmes pieuses cachées sous le voile du mystère, pour ces vénérables Sœurs, pour tous les patrons et administrateurs des hospices et pour M. *de Malaret,* que le jour de la consécration de l'église de la Grave par le digne évêque de Verdun et de Bayonne (mars 1845). Ce fut sûrement un des beaux jours de sa vie; car tel était l'esprit de charité de M. *de Malaret,* qu'il ne se croyait pas encore quitte envers les hospices; et bien qu'il eût été l'intermédiaire de fondations perpétuelles, il en existe une aussi de son vivant qui lui est personnelle, car M. *de Malaret* ne pensait pas qu'il suffît de donner après soi; il trouvait qu'il est mieux de le faire durant sa vie, afin que le mérite du don s'augmente par le sacrifice qu'il occasionne.

M. *de Malaret* ayant été éloigné des fonctions publiques depuis les événemens de 1815, se trouvait naturellement désigné à l'opinion après ceux de 1830. Aussi ne tarda-t-il pas à être nommé membre du Conseil général par le gouvernement, et sa nomination fut-elle ratifiée plus tard par ses concitoyens, qui le portèrent au Conseil municipal de la cité, et à la chambre des Députés en 1830 et 1835. Partout M. *de Malaret* se montra animé du même esprit, et la pairie qui lui fut conférée par un Prince digne appréciateur de son caractère (1839), ne pouvait s'adresser à un meilleur citoyen.

Presque septuagénaire, M. *de Malaret* suivit les sessions de la chambre des Pairs autant que sa santé le lui permit, revenant immédiatement dans la cité prendre part à nos travaux, les diriger, et imprimer à la solennité de nos concours annuels un caractère tout patriarcal. Affectueux pour les cultivateurs qui avaient mérité des prix, des mentions honorables, il savait leur inspirer de la confiance. L'an dernier encore, il les couronnait de sa main, et ces bons agriculteurs revenaient dans leurs champs, pénétrés de la douce bienveillance qui ajoutait encore au mérite de l'honorable distinction.

C'était dans la Société d'Agriculture et dans l'administration des hospices que M. *de Malaret* s'était concentré pendant les dernières années de sa vie. Toutefois ses amis ne voyaient pas sans de vives appréhensions sa santé décliner et mise à l'épreuve par de fréquentes et tenaces affections catarrhales. Il était parvenu cependant à en triompher; il avait pu même se montrer au dehors, lorsqu'une fluxion de poitrine, qui se déclara le 7 janvier dernier, prit soudain un caractère alarmant, et l'enleva sans agonie le 10 janvier, vers 4 heures du matin, ayant conservé jusqu'au dernier moment cette fermeté pieuse, cette résignation, qui avaient dominé toutes les actions de sa vie.

Parvenu au terme de cette notice, je serais heureux, Messieurs, si vous aviez entendu mon étude sur M. *de Malaret* avec autant d'intérêt que j'en ai trouvé à la composer. Lorsqu'on retrace la vie d'un homme vertueux, on sent un charme inexprimable, une sorte de parfum moral à se trouver en face d'une de ces excellentes natures nées pour le bien, l'ayant toujours pratiqué, et ne pouvant jamais s'en écarter. Telle était l'essence de M. *de Malaret*. Qu'on vante les habiles calculs de l'ambitieux, qu'on célèbre l'adresse de certains hommes habiles à profiter des situations difficiles pour se frayer un chemin à la fortune, nous le comprenons : mais la droiture se place plus haut, les convictions profondes sont plus respectables encore, et elles l'emportent autant sur l'intérêt personnel agissant dans le cadre qui lui est propre, que le citoyen toujours prêt à payer de sa personne, dans les moments les plus difficiles, l'emporte sur l'homme qui s'isole et qui s'empresse à se mettre à couvert.

En effet, Messieurs, dans l'ensemble de la vie de M. *de Malaret*, ce qui domine le savant, l'agronome, l'académicien distingué, c'est le chrétien dans toute sa pureté, c'est le citoyen;

j'en ai pour preuve ce deuil public, ce cortége spontané de toute la cité qui ne s'effaceront jamais de vos souvenirs.

Le citoyen, Messieurs, est cet homme dévoué à tous, qu'on rencontre fréquemment dans les beaux jours de la Grèce et de Rome, et dont notre histoire, peut-être à cause de nos institutions passées, nous fournit des exemples plus rares, et par cela même plus éclatants. Les institutions nouvelles et toutes les tribunes publiques qui se sont élevées, sont propres au contraire à les développer; soyons donc certains que nous aurons des jeunes hommes qui marcheront sur ces nobles traces, en se créant aussi pour règle de conduite ces principes si bien résumés par le Prince des orateurs et des philosophes de Rome, si applicables à notre nouvelle société : *devoirs envers la famille, envers la cité, envers la patrie, envers l'humanité, envers Dieu.*

Discours de M. de Malaret, président la Société d'Agriculture, prononcés en séance publique du 24 juin.

1806. Sur les avantages de l'agriculture et l'heureuse influence qu'elle exerce sur les bonnes mœurs.

1819. Sur l'économie rurale, considérée comme le premier chaînon du lien social, auquel tous les autres chaînons se rapportent.

1820. Sur l'alliance de l'agriculture avec les sciences.

1821. Sur l'encouragement le plus nécessaire à l'agriculture.

1822. Sur l'emploi des machines en agriculture.

1823. Sur les principales différences qui existent entre l'agriculture ancienne et l'agriculture moderne.

1824. Sur la division des propriétés.

1825. Sur les causes de la détresse actuelle de l'agriculture.

1826. Doit-on, malgré les causes défavorables qui pèsent sur l'agriculture, adopter les nouvelles méthodes qui, en augmentant la masse des productions territoriales, ont pour résultat nécessaire de maintenir le taux si élevé de leur valeur ?

1827. Dans l'état actuel de l'agriculture en France, des ressources nouvelles peuvent-elles dédommager les agriculteurs du prix modique des céréales ?

1828. Sur la nécessité d'établir une ferme modèle dans chaque département.

1829. Sur les moyens de faire cesser les causes qui retardent les progrès de l'agriculture méridionale.

1830. Sur l'influence de l'exemple sur les progrès de l'agriculture, et la nécessité de se régler sur les agronomes les plus distingués, à défaut de ferme modèle.

1831. Sur l'éloignement des capitalistes pour les spéculations de l'agriculture.

1832. Sur la fondation des grands prix d'honneur et des avantages qui doivent en résulter. A cette occasion il combat avec autant de raison que de talent les doctrines d'une secte qui, voulant distinguer la Société en *travailleurs* et en *oisifs*, ne voit de travail utile que dans les industries mécaniques, et attaque avec force le principe de la propriété, base fondamentale de notre ordre social.

1833. Absent, à la Chambre des Députés.

1834. Sur les causes qui s'opposent aux progrès de l'Agriculture méridionale, au nombre desquelles il signale le défaut de résidence de la plupart des propriétaires, l'absence de capitaux suffisants, et enfin le manque complet de régisseurs et de bons fermiers.

1835. Sur la nécessité de la persévérance en agriculture, les dangers du découragement, et la nécessité de varier ses produits.

1836. Absent, à la Chambre.

1837. Absent, à la Chambre.

1838. Sur les avantages qui résulteraient, pour les populations des campagnes, de rester fidèles aux travaux des champs, au lieu de s'entasser dans les villes, où bien souvent la misère et les déceptions leur sont offertes, au lieu des chances de rapide fortune qu'elles espèrent y trouver.

1839. Sur le peu de fondement du reproche adressé aux agriculteurs du Midi, de rester en arrière des découvertes de la culture moderne; et l'impossibilité, avec notre climat et la nature de notre sol, d'adopter dans nos provinces du Midi, dans toute leur intégrité, les assolements qui ont porté si haut la prospérité agricole du Nord de la France.

1840. Absent, à la Chambre des Pairs.

1841. Absent, à la Chambre des Pairs.

1842. Sur les devoirs qu'ont à remplir les propriétaires envers ceux qui leur prêtent le concours de leurs travaux.

1843. Absent, à la Chambre des Pairs.

1843, 26 décembre. Sur les prix d'encouragement spéciaux, accordés par le Gouvernement aux arrondissements du département, et sur le mérite du concours de cette année.

1844. Sur la nécessité d'améliorer le sort des habitants des campagnes.

1845. Sur les encouragements donnés par le Gouvernement, et les avantages qui seront retirés des prix d'arrondissement (1000 fr.), plus élevés que ceux que la Société avait donnés jusqu'alors.

Articles de M. de Malaret *insérés dans le Journal d'Agriculture du Midi de la France.*

27 juillet 1807. Rapport sur un ouvrage de M. *Dralet*, sur les forêts.

Tome 6, pag.	1.	Baliveaux.
	33.	Berger.
	37.	Bergerie.
	129.	Bêtes à laine.
Tome 7,	1.	Carie ou charbon des blés.
Tome 13,	163.	Fossés.
	313.	Notice sur le Journal de 1816.
Tome 14,	321.	Sur le froment.
Tome 21,	325.	Aperçu de la 1.re livraison des Annales de Roville.
	357.	*Id.* de la 2.me *id.* *id.*
Tome 22,	335.	*Id.* de la 3.me *id.* *id.*
Tome 24,	298.	*Id.* de la 4.me *id.* *id.*
Tome 23,	301.	De la comptabilité en parties doubles appliquée à l'agriculture.
Année 1839.	225.	Deuxième édition de ladite comptabilité.

Discours de M. de Malaret, *président de l'Académie des Sciences, prononcés*
en séance publique.

22 avril 1819. Idée générale sur les devoirs des Académies et sur l'utilité des Sciences.

31 août 1819. Sur l'alliance des Sciences et des Lettres.

13 avril 1820. Sur les avantages de l'étude.

26 août 1820. Sur les souvenirs de l'antiquité.

10 mai 1821. Sur les causes qui ont retardé les progrès des Sciences.

26 août 1821. Les Sciences ont-elles exercé une plus grande influence que les Lettres sur la prospérité publique ?

22 août 1822. Éloge de M. *Jouvent*, Doyen et Professeur de la Faculté de Droit.

24 août 1823. Influence de la morale sur les connaissances humaines.

24 août 1824. Est-il plus utile pour le bonheur des peuples, pour la prospérité des empires, de faire participer aux bienfaits de l'instruction toutes les classes de la société, ou convient-il de réserver exclusivement pour quelques-uns les moyens de pénétrer dans la noble carrière des Sciences et des Lettres ?

25 août 1824. Les Sciences physiques ne peuvent-elles prospérer sans porter atteinte au développement des Sciences morales ?

7 juin 1827. Sur l'importance et les progrès de l'archéologie.

29 mai 1828. Quelles sont les principales erreurs de la philosophie ?